ロジャー・W・ラウザー

砕かれた葉

アメリカ人が日本で見つけた
芸術・生活・信仰

JN060876

The Broken Leaf

Roger W. Lowther

いのちのことば社

Originally published by Wipf and Stock Publishers as

The Broken Leaf

by Roger W. Lowther

© 2019 Roger W. Lowther

Translated and printed by permission of Wipf and Stock,

199 W. 8th Ave., Suite 3, Eugene, OR 97401, USA.

www.wipfandstock.com

日本の文化・芸術は、それを通して異なる文化の人々が神の臨在を知るための宝のようだ。宣教師であるロジャー・W・ラウザーは私たちにそれを教えてくれる。ジュリアード音楽大学で学んだオルガニストである彼は、キリストの大宣教命令を果たすべく、その閉ざされた宝箱の鍵を開ける文化的な大使となった。

現代芸術家、『沈黙と美』著者　マコトフジムラ

『砕かれた葉』は、日本の芸術と文化のさまざまな面を通して、福音の光を輝かせる。芸術を語るこの本もまた芸術作品だ。

ミッション・トゥ・ザ・ワールドコーディネーター　ロイド・キム

日本のアーティストの友人たちへ――

皆さんの友情に感謝します。皆さんは私自身について、そしてこの世界について、たくさんのことを教えてくれました。この小さな本ができたのは、皆さんのおかげです。

碎かれた葉　目次

序文（福田真理）……11
まえがき……13
イントロダクション……17
メディテーション1　砕かれた葉……23
メディテーション2　黄金のひび……33
メディテーション3　十字架の樹液……41
メディテーション4　でこぼこの道……49
メディテーション5　天の音楽……55

メディテーション6　レインボーブリッジ……61
メディテーション7　真珠と神の民……67
メディテーション8　見捨てられた者……75
メディテーション9　賛美の美を知る……83
メディテーション10　芳ばしい香り……91
原注……95

序文

最近初めて茶室でキリスト教結婚式の司式をしました。数寄屋《すきや》造りの紅松庵《こうしょうあん》は、紀州は和歌山城内の日本庭園の一角にあります。赤や黄色に色づいた晩秋の日本庭園に流れるせせらぎに耳を傾けながら、まずは椅子席用の茶室で賛美を歌い、祈りをささげ、聖書のメッセージをして、二人は互いに生涯変わることのない愛を誓って結婚式を挙げました。その後畳敷の茶室に上がり、羽織袴の新郎が亭主、美しい着物に身を包んだ新婦が半東を務め、十人ばかりでお濃茶《こいちゃ》のもてなしを受けました。日本文化をこよなく愛する新郎新婦は、この数カ月前にクリスチャンになった夫の信仰の証しと結婚の喜びを分かち合うために茶室を選んだのです。

キリスト教は日本文化の破壊者とよく言われます。本当にそうでしょうか。実は日本の文化や芸術には、私たちがまだ気づいていない創造主の美しさが満ちあふれています。本書の著者であるロジャー・ラウザーは、オルガニストという類い稀な芸術のセンスから、日本文化に隠された福音の真理を再発見し、宣教師として読者を信仰と悔い改めに導いてくれます。数年前にロジャーの発案で、イエスの死を覚える受難日に茶席を用意し、最後の晩餐さながらに礼拝をささげたことがあります。信仰と芸術、宣教とアートは、福音に導かれて互いに手を携え、神の栄光をあらわすために一緒に進んでいけるのではないでしょうか。

二〇二〇年九月

グレースシティチャーチ東京牧師　福田真理《まこと》

まえがき

おそらく、皆さんはこう思っているでしょう。「どうして専門家でもない外国人が、日本の文化について語るのだ」と。まず、その点を説明したいと思います。

数年にわたって、東京で毎月一回「アート、ライフ、フェイス」（芸術・生活・信仰）というアーティストやアートを愛する人の集いを開催しています。そこで、日本人と外国人が一緒にアートを社会や日常の中で味わったり、アートを入り口に人生を考えたり、アートを通して神と出会ったりしています。毎月、違う人が自分の作品を紹介し分かち合って、お互いにそのテーマについて話し合います。そのようなコミュニティの中で私たちは、エデンの園と将来の天国を感じようとしています。

この本に書いた私の考えは、コミュニティでのやりとりを通して生まれたものです。そのコミュニティの一員として自分の考えをシェアしたいと思います。私の日本文化の理解は浅くて聞きかじりの部分も多く、読んでくださる皆さんは私とは違う視点を持っているかもしれません。また、今もこの会話は続いているので、今後いろいろな考えが浮かぶでしょう。考えが変わることもあるかもしれません。

日本の文化の中に育っていない外国人である私の立場で、日本の文化とキリスト教について書いてみました。ですから、間違った解釈や誤解もあると思います。

私は日本の文化について学んだり調べたりすることが大好きです。日本に住んで、自分自身やこの世界について多くのことを教えてもらうことは、私にとって大きな喜びです。私は日本の文化を深く尊敬し愛しています。それは私の持っている西洋の思考や文化に影響を与えています。アメリカ人である私が日本文化を見るとき、そこに聖書や福音のメッセージとの共通点を幾つも見つけるのです。

この本のテーマはコミュニティーアーツ東京とグレースシティチャーチが共同開催した二〇一六年十月十五日のカンファレンス「BROKEN～傷ついた世界～」をもとに書かれたものです。それをきっかけに、神さまや私たち自身に関する発見が今でも続いています。独特の方法で日本の芸術に組み込まれた神のイメージを見つけることは、私の喜びです。これらの特別な美しさや栄光の現れ方が、全世界の教会を成長させ、豊かにし続けることが私の希望です。

この本が、日本人にとっても外国人にとっても、改めて日本の文化と福音とのつながりについて考えるきっかけになれば幸いです。

二〇一九年六月　東京

ロジャー・W・ラウザー

イントロダクション

外国で誰かの家を訪問するときのことを考えてみてください。玄関に入って、すぐいろいろなことに戸惑うでしょう。靴を脱ぐのか脱がないのか。握手するのかしないのか。すぐに入っていいのかそこで待つのか。入ってからも床に座るのか椅子に座るのか、そもそもどこに座るのか。出されたお茶をすぐ飲んでいいのか。最も大きい問題は何を言われているのか、言葉すら分からないことかもしれません。

言葉が分かっても通じないかもしれません。日本人は「はい、はい」と言っていても、賛成していない場合があります。セミナーなどで「質問がありますか」と聞いても誰も答えないので質問はないのかと思っていたら帰るときに質問された、ということもあります。

言語ほど文化や考え方を反映するものはありません。だから、翻訳というのはとても難しいものです。文字通りに訳していいのか。もっと良い別の言い方はないのか。別の文化では意味を持たない文化的な背景があるのか。さまざまなことを考えなければなりません。特に、物事の解釈は文化によって違います。

一五〇〇年代以来、現代に至るまで、言語と文化は、日本におけるキリスト教の受容に大きな影響を与えてきました。日本にやって来た最初の宣教師フランシスコ・ザビエルが、「日本語はキリスト教の普及を防ぐために悪魔によって作られたものだ」とローマ教皇に報告していたことからも、ザビエルが日本語でキリスト教の概念を語ることにどれほど苦労していたのかうかがい知ることができます。

「これを何と言いますか」と質問をしていくだけでは外国語を習得することはできません。単純に翻訳することのできない言葉や表現が山ほどあるからです。例えば、食前の「いただきます」を英語でどのように言うことができるでしょうか。誰かがくしゃみをした後の「Bless you」を日本語で表現することができるでしょうか。頭の中で言葉をただ翻訳するだけでは、伝えたいことを適切に表現することはできません。外国語は異なる文化に直接触れて、そのコミュニティの中でこそ学ぶことができるのです。

外国語を習得するだけでもこのプロセスが必要なのですから、聖書のメッセージを分かち合うためには、このことはますます大切になります。福音は関係の中でこそ分かち合うことができます。分かち合うとは一方的に教えることではなくて、お互いに学び合うことです。私は日本の文化を知って、福音が日本の文化にどのように表されているのか知りたいと願っています。日本人はどのように福音を見たり聞いたり、嗅いだり味わったり触れたりしているのでしょうか。

現代の民芸アーティスト渡辺禎雄が初めてキリスト教に出会ったときの反応は、否定的なものでした。それは霊的な経験というよりも文化的な経験だったのです。

「私は当初、キリスト教について悪い印象を持っていました。普通の日本人にとってそれはバタ臭いものに感じたのです」[1]

バターは、一八〇〇年代後半に外国人が来るまで、日本にはありませんでした。文化の外の物で、バターの匂いは否定的な印象を与えました。渡辺がキリスト教をバタ臭いと感じたのは、キリスト教そのものの内容ではなく、欧米の文化を通してキリスト教を見せられたからです。それは、日本の文化を無視した伝え方だったからであり、それではただの異文化の輸入に過ぎません。

内村鑑三は、百年前に同じように問いかけました。

「日本的なキリスト教徒を育て、日本的なキリスト教を確立させるために私たちと共に働いてくれる広く深い勇気がある宣教師はどこかにいないだろうか。そのような宣教師が多数来日してほしい。いつまでも日本に滞在してほしい。彼らは日本で神の使者として歓迎されるだろう。そして教師として恩人として敬愛され尊敬されるであろう。ああ、そのような宣教師はどこにいるのだろう[2]」

聖書の神は宣教師たちの訪れとともに日本にやって来たわけではありません。最初の宣教師が船を降りるはるか昔から、神はすでに日本にも存在していたのです。その神というお方を私たちは日本の素晴らしさ、美しさのうちにどのように見いだすことができるのでしょうか。福田充男牧師はこう書きました。

「神は日本人の福音の生き方、教会理解の仕方を通して、世界の教会を祝福しようと決断された。神の山（聖書資料）はただ西洋の鉱道（西洋文化の視点）からだけでなく、日本の鉱道や他の六千以上の文化的鉱道から掘削される必要がある[3]」

この本では、日本の「鉱道」を「掘削」しながら、私のさまざまな文化的な経験や思いを皆さんと分かち合いたいと思います。この旅を私と一緒に楽しんでいただけたら幸いです。

私は日本の文化を知って、福音が日本の文化にどのように表されているのか知りたいと願っています。日本人はどのように福音を見たり聞いたり、嗅いだり味わったり触れたりしているのでしょうか。

「茶碗」（二〇一七）
ティム・ミルズ

メディテーション *1*

砕かれた葉

主は心の打ち砕かれた者の近くにおられ
霊の砕かれた者を救われる。

詩篇34・18

「パパ、直して！」

私は、いつでもどこでも四人の小さな息子たちにそう言われ、そのたびにできる限り何でも直してきました。皆さんも、何かが壊れて困ったり、直らなくて落ち込んだり、あるいは時間を忘れて修理をした経験があるのではないでしょうか。私たちの世界の中には、たくさんの「壊れ」が存在しています。[1]

二〇一一年の東日本大震災の後、私は支援活動をして、たくさんの被災者に会いました。彼らの痛みや苦しみをいつも覚えています。ある女の人（名前を聞くことができませんでした）

は、家族全員を津波に奪われました。八歳、十歳、十三歳の三人の子どもが学校から帰るときでした。私は彼女に何と言ったらいいか分かりませんでした。なぜ彼女の家族は亡くなり、私の家族は生きているのか。答えはありません。

私たちは、どのようにこの世界の「壊れ」に向き合えばいいのでしょうか。シリアでの戦闘、ウクライナでの爆撃、ヨーロッパの難民問題、米国での銃乱射事件……ニュースは毎日、世界中のさまざまな悲劇を伝えています。平和と言われる日本さえも、例外ではありません。最近では、日本の凶悪犯罪も世界中で報道されているのが現実です。

二〇一一年三月十一日、地下鉄に閉じ込められた私がようやく東京の日本橋の地上に出ると、道には人々があふれていました。ビルの大きなモニターには恐ろしい映像が映し出されていました。津波が東北の町を丸ごとのみ込む様子が生中継で放送されていました。

暴力的で傷ついた世界を癒やすことは可能でしょうか。自分の力では完全に癒やすことのできない痛みや心の傷を持っている私たちが、本当の平安に至る道はあるのでしょうか。

日本の芸術は、その答えを私たちにそっと語りかけているように感じます。

七世紀の聖徳太子は「病は、病によって救われるのである」と書きました。[2] 別の言い方をすると、「傷は傷によって癒やす」または「壊れは、壊れによって直す」ということです。平安への道は、壊れを避けることではなく、むしろ壊れを通して癒やしに至るのだと考えられています。日本ではこのように、壊れを避けるのではなく、壊れを生かし、よりよく生まれ変わらせてきました。この道は、癒やしと贖いに至る道です。

壊れゆくものの中に現れる美は、日本の詩や文学、生け花、墨絵、枯山水《かれさんすい》などに表現されています。この静かな美しさは、しおれた花、落ちる前の露の雫《しずく》、解けていく雪の結晶、桜が散りゆくときの潔さにも見られます。

その中でも私は、一杯の抹茶に、感動的な芸術性を見いだしました。

日本に来るまで、私はお茶の持つ奥深さを知りませんでした。お湯と葉。これ以上シンプルな飲み物はありません。来日してほどない頃、どうしてお茶がこんなにもあるのか理解できませんでした。緑茶、紅茶、麦茶、ウーロン茶、ジャスミン茶、抹茶、ほうじ茶、ハーブティー、ミルクティー……。とんでもないことを日本語では「無茶だ」と表現します。これはお茶がないという意味です。日本人がお茶を飲まないなんて、確かにありえないのです！ブラウンの色は「茶色」と言います。最近では「コーヒー色」という色もあるようですが、「茶色」に取って代わることはないでしょう。

一七七三年、ボストン茶会事件があったマサチューセッツ州ボストン市の近くで私は育ちました。このときアメリカは、イギリスへの税金の支払いから逃れるため、輸入した紅茶のすべてをボストン港に投棄しました。この行為によって、アメリカは独立への道を作りました。私の故郷の近く、レキシントン市の住民は、賛同を示すために食器棚からすべてのお茶の葉を街の公園で燃やしました。その後、アメリカはお茶の文化を取り戻すことができず、最も親しまれる飲み物はコーヒーとなりました。[3]

抹茶の香りと味わいは、茶葉が砕かれることによって生まれます。「砕かれた葉」は、破壊と美の不思議な関係を明らかにします。

元来、お茶は薬でした。茶葉が砕かれていく過程で、治癒力が生まれるのです。現在でも人々は体の調子が悪いとき、コーヒーではなくお茶を飲みます。お茶は病んだ社会の薬のようなものです。熱湯のような荒々しい暴力によって壊れた世界の中に生きる私たちには、「砕かれた茶葉」のような癒やしが必要です。

東京国立博物館で、千利休の茶道具の展示を見たことがあります。黒い楽焼《らくやき》の茶碗、切り花を入れる竹の花器、水指などがありました。[4]これらは荒く、いびつで自然の中にある壊れを形にした物でした。

大抵の焼き物はろくろを使って綺麗に形を整えますが、楽焼は手だけで形を作ります。だから、曲がっていたり歪《いびつ》なものがあるのが特徴です。楽焼は藁《わら》の中で焼いて、その跡が付き、その後すぐに冷ます工程で、自然にひびが入り、色にはむらが出ます。特に水指は、縦に大きなひびが入っており、まさに「壊れた」姿でした。しかし、これは土が乾くときに自然にできたひびであり、作られた当初からこのような物でした。

利休のメッセージは明確です。「壊れ」そのものが重要なのです。「壊れた茶器」は自分の弱さを認識することの象徴であり、それは癒やしと平和に至る必要なステップだと感じました。

千利休は、日本の歴史の中でも激動の戦国時代を生きました。利休の芸術は、当時の暴力に対する応答でした。しかし、利休の人生は悲惨なことに、まさに暴力によって幕を閉じました。七十歳のとき、豊臣秀吉から茶室で切腹を命じられたのです。

私の次男のイステン・アセラスの名前は「東の中の癒やし」という意味です。アセラスはJ・R・R・トールキンの『指輪物語』（ロード・オブ・ザ・リング）という物語からとりました。

　　黒い吐息が吐かれたら、

死神が陰を広げたら、
光がすっかり消えたなら、
アセラス、おいで！　王の葉、ここに！
絶える息の緒、蘇らせよ、
王様の手に渡されて。[6]

王の手の中でアセラスと呼ばれる植物の葉を揉むと、傷が癒やされ、想像を絶する希望と贖い（回復）がおとずれるのです。

聖書のヨハネの黙示録によると、天国には特別な葉があります。

〔川は〕都の大通りの中央を流れていた。こちら側にも、あちら側にも、十二の実をならせるいのちの木があって……その木の葉は諸国の民を癒やした。もはや、のろわれるものは何もない。（黙示録22・2―3）

「いのちの木」とはどんな木なのでしょう。葉は茶葉になるのでしょうか。天国にあるこの木の葉で、私たちは一緒にお茶を飲むことができるでしょうか。このお茶を一緒に味わうことができるでしょうか。この葉を砕くとどんな色で、どんな香り、味がするのでしょう。きっと私たちにイエスの犠牲を思わせることでしょう。

福音の香りや味わいを世界に届けるためにイエスは十字架で砕かれました。熱いお茶の中にある、砕かれた葉に深い真実があります。一杯のお茶を飲みながら、このことを思い巡らしてみませんか。

1 どんなお茶が好きですか。

2 抹茶の香りと味わいは、茶葉が砕かれることによって生まれます。ほかにもそのようなものがあるでしょうか。

3 それらのものの共通点は何ですか。

4 この章を読んで、砕かれたものの美についてどんなことを思いましたか。

5 「砕かれたもの」が人を癒やすと感じたことがありますか。

日本の芸術は、その答えを私たちに
そっと語りかけているように感じます。

メディテーション2

黄金のひび

「立って、陶器師の家に下れ。そこで、あなたにわたしのことばを聞かせる。」私が陶器師の家に下って行くと、見よ、彼はろくろで仕事をしているところだった。陶器師が粘土で制作中の器は、彼の手で壊されたが、それは再び、陶器師自身の気に入るほかの器に作り替えられた。
それから、私に次のような主のことばがあった。「イスラエルの家よ、わたしがこの陶器師のように、あなたがたにすることはできないだろうか――主のことば――。見よ。粘土が陶器師の手の中にあるように、イスラエルの家よ、あなたがたはわたしの手の中にある。……」

エレミヤ18・2―6

陶器師である友達と一緒に京都国立博物館を訪ねたとき、幾つかの茶碗が目に入りました。私は茶碗たちに呼び止められているような気がしました。茶碗は一つずつガラスケースに入れられていました。フェルトで覆われた小さな箱の上に美しく展示され、スポットライトに照らされています。奇妙だったのは、茶碗が壊れているということでした。これらは金継《きんつ》ぎと呼ばれる技術によって修理されたものだったのです。

たいてい何かが壊れたら捨てるのが自然でしょう。しかもただの器です。古代遺跡を掘れば、陶器の破片が出てきます。陶器はとても壊れやすく、特別なものでもなく、交換することもとても簡単です。それなのに、なぜわざわざ時間とお金を使って壊れた器を修理するのでしょうか。しかも、黄金まで使って。黄金は器本体より高価なもので、ひびを隠す効果もありません。むしろひびを強調し、壊れたことを目立たせるものなのです。

でもこのひびが入っていることによって、器は輝きます。これらの器は「壊れ」を通して、はるかにもっと美しく貴重な物になりました。特に目をひかれた器は、割れ目を金でつなぐだけではなく、欠けてなくなった部分を黄金で埋められて、一つの作品として完成していました。

これが私の金継ぎとの出会いでした。金継ぎの美しさに見とれているうちに、はっとしました。福音と同じじゃないか！

私たちは罪で壊れたものです。私たちの世界も壊れたものです。しかし、神さまは私たちを捨てるのではなく、むしろ再び作り直し、再び建て上げ、再び新しくしてくださいます。神さまは天国のさびない黄金で私たちを作り変えてくださいます。癒やしの主[1]である神さまは、イエスさまの命と死を通して、私たちの壊れやすい体に黄金のような栄光を与えます。癒えない傷や痛みを神さまは癒やし、完璧なものとして完成させてくださいます。[2]
金継ぎを見ると福音を感じます。壊れやすいものに神さまの栄光が現れます。私たちにはひび、欠け、弱さがあるから神さまによって作り直されて、美しい価値があるものにされるのです。

「私たちは、この宝を土の器の中に入れています。それは、この測り知れない力が神のものであって、私たちから出たものではないことが明らかになるためです。私たちは四方八方から苦しめられますが、窮することはありません。途方に暮れますが、行き詰まることはありません。迫害されますが、見捨てられることはありません。倒されますが、滅びません。私たちは、いつもイエスの死を身に帯びています。それはまた、イエスのいのちが私たちの身に現れるためです」（Ⅱコリント4・7―10）[3]

私は金継ぎを見て、イエス・キリストを思います。ひびはイエスの死を、黄金はイエスの命を思わせます。欠けてなくなった箇所は黄金で埋められました。器に入ったひびのように、復活したイエスに残っていた傷跡は栄光です。苦しみの贖《あがな》いにほかなりません。

「天と地にあるすべてのものは、見えるものも見えないものも……御子にあって造られたからです。……万物は御子にあって成り立っています。……この奥義が異邦人の間でどれほど栄光に富んだものであるか、神は聖徒たちに知らせたいと思われました。この奥義とは、あなたがたの中におられるキリスト、栄光の望みのことです」（コロサイ1・16－17、27）

私たちはキリストを通して創造されただけではなく、キリストを通して成り立っています。人は自分自身の力で自分を成り立たせる必要はなく、またそうすることもできません。キリストは人を成り立たせる方です。キリストは人のひび割れを天の純金でつなぎ、私たちを以前より強くされます。

ある本には器の壊れ方として十種類が紹介されています。[4]金継ぎの技術者はさまざまな傷の違いを区別し、それらから美しさを引き出す方法を見極める目を持っています。私たちの人生にはさまざまな壊れがありますが、神はそこから美しいものを引き出すことができます。エデンの園でアダムとエバが彼らの壊れや恥を隠そうとしたとき、主は彼らに呼びかけ、言われました。「あなたはどこにいるのか」（創世記3・9）。神は直接彼らの壊れを取り扱いました。神は私たちの壊れた部分を通して、私たちをもっと美しくしてくださいます。
あるときこの話をしたら、女の人が目に涙を浮かべて私に話しかけてきました。「私はその器のようなものです。私は壊れています。私の人生に大きな欠けている部分があります」。その前の年、夫が亡くなって大きな欠けを感じていたということでした。しかしそのとき、彼女はキリストが私たちの欠けている部分を埋めてくださることが分かりました。キリストは私たちの目を、自分の苦しみからキリストが私たちのために受けた苦しみへと向けさせます。

金継ぎは屠《ほふ》られた神の子羊を思わせます。天国の真ん中で万物をじっと見ている、無限の価値のある無限に美しい子羊です[5]。私たちは天国で金継ぎの陶器を見つけても少しも驚かないでしょう。金継ぎは永遠の賛美に私たちを導きます。天国にこれ以上にふさわしい茶碗はないでしょう。

1　どんな物が壊れると修理しますか。

2　車やパソコンや電化製品などは故障すると、直しても価値が下がります。直した後に価値が上がる物は何かあるでしょうか。

3　私たちは傷があるからこそ価値のあるもの、美しいものだという見方は、どんな希望をもたらしますか。

4　天にいるキリストは傷跡があるからこそ美しいのです。私たちは人生の中でキリストの美しさをどのように反映することができるでしょうか。

私たちの人生にはさまざまな壊れがありますが、神はそこから美しいものを引き出すことができます。

メディテーション3

十字架の樹液

このキリストによって私たちは、信仰によって、今立っているこの恵みに導き入れられました。そして、神の栄光にあずかる望みを喜んでいます。それだけではなく、苦難さえも喜んでいます。それは、苦難が忍耐を生み出し、忍耐が練られた品性を生み出し、練られた品性が希望を生み出すと、私たちは知っているからです

ローマ5・2―4

日本に住んでいると漆《うるし》の器をよく目にします。この日本の伝統的な器は和食レストランでも家庭でもよく使われます。日常的にはプラスチックの偽物を使いますが、本物はウルシの木の樹液でできています。ウルシの木の幹に傷をつけると樹液が出ます。この樹液は傷を保護するための硬いコーティングになります。集めた樹液が硬くなる前に金属や顔料を加えて、黒や赤にします。それを器に塗って乾かします。

十回、二十回、三十回と繰り返し塗ることで、少しずつ器を保護する層が厚くなっていきます。この作業は何カ月もかかります。最後に乾かす前に金や貝殻などの装飾品を付けることもできます。

漆器はキリストの犠牲の物語に似ています。傷ついた木が流した樹液で守られています。傷ついた木は、イザヤの言葉を思い起こさせます。「その打ち傷のゆえに、私たちは癒やされた」（イザヤ53・5）。癒やしの力を持つ樹液は、イエスの言葉を思い起こさせます。「これは多くの人のために、罪の赦しのために流される、私の契約の血です」（マタイ26・28）

木の器は非常に弱くて壊れやすく、湿度の高い気候ですぐにカビが生えます。しかし漆を塗ることで湿気、温度、損傷に強くなります。パウロの言葉が思い浮かびます。「私は、キリストの力が私をおおうために、むしろ大いに喜んで自分の弱さを誇りましょう」（Ⅱコリント12・9）

神はキリストの力で私たちを覆い、私たちを包み、私たちを守り、次々と恵みを塗り続けてくださっています。子羊の血は私たちの傷と苦しみに沈み込み、罪を赦し、弱さを強さに、汚ない醜いものを美しく作り変えます。これは福音の神秘です。キリストの弱さは私たちの強さです。キリストの大きな傷は私たちの美です。十字架の樹液の何重もの層で、私たちはキリストに似た者に変えられていきます。私たちの傷を癒やし、私たちの壊れている部分を包帯で包んでくれるのは、十字架の〝漆の樹液〟だけです。漆が指し示すのは、傷ついた世界のために傷ついた木にかかって苦しむ傷ついたキリストです。

私の大好きな漆の種類は根来塗り《ねごろぬり》です。福音の物語をよりはっきりと語っているように感じるからです。根来塗りは、器全体が黒く塗られ、そして赤の薄い層で覆われています。使っているうちに入るひび割れや損傷によって、外側の赤い層がすり減り、下の黒い層が見えてきます。器が使い古されればされるほど、より美しく価値が高いものになります。

これも福音の神秘のようです。モーセの時代、祭司の衣は神の栄光と美しさを表すために作られました。この衣はイスラエルの最も熟練した職人によって織られ、縫われ、刺繍され、その美しさは驚くべきものだったに違いありません。しかし、その後、神はそれを血と油で汚すように命じられました。「祭壇の上の血と、注ぎの油を取って、それをアロンとその装束、彼とともにいるその子らとその装束にかける。こうして、彼とその装束、彼とともにいるその子らとその装束は聖なるものとなる」（出エジプト記29・21）。代々の汚れが重なっても、これらの装束は決して洗われませんでした。汚れに覆われたこれらの装束の栄光と美しさを神は喜んでおられました。

根来塗りや漆塗りを見ると思い出すもう一つのことは、旧約聖書に出てくるギルアデの有名な樹液の話です。この樹液も癒やしの力を持っています。この〝ギルアデの乳香〟はイスラエル民族を癒やす唯一の薬です。

「乳香はギルアデにないのか。医者はそこにいないのか。なぜ、娘である私の民の傷は癒えなかったのか」（エレミヤ8・22）

かつてアメリカの奴隷はこの〝ギルアデの乳香〟の約束により神からの癒やしが来ると信じました。そして、この霊歌が生まれ、広く愛されています。

There is a balm in Gilead,
To make the wounded whole;
There is a balm in Gilead,
To heal the sin-sick soul.

ギルアデの香油
傷ついた者を健やかにする
ギルアデの香油

罪に病んだ魂を癒やす

高級な漆が塗られた器は綺麗ですが、子羊の血が塗られた私たちは、それよりもっと美しいでしょう。漆は高価なものですが、神の子の血に覆われている私たちの価値は値段がつけられないほどでしょう。漆塗りを作るには時間がかかりますが、この罪深い世界を恵みで塗り、歴史を通して人々を神の御国に入れる準備をするのは、それよりもっと時間がかかるでしょう。福音の物語はただひとりの方によって作られました。その方が日々私たちを聖《きよ》めてくださっています。[1]

日本で日常的に使われている物がこれほどまでに福音の物語を表していることは、素晴らしいことだと思います。漆塗りの器を見るとき、イエスが十字架に注ぎ出された血を通して、私たちに癒やしの恵みを塗ってくださるということを、思い巡らしてみませんか。

1 多くの層が重ねられることでより良くなるものは、漆以外に何がありますか。

2 スーパーヒーローは攻撃から身を守る防具を身に着けています。あなたならどんな防具を身に着けたいですか。

3 あなたを守ってくれるものは何ですか。それはあなたをどういうふうに変えますか。

4 根来塗りは塗られた漆がすり減ることによってもっと美しくなります。人についても同じことが言えるでしょうか。

5 キリストの流した血はどういうふうに人を守りますか。

キリストの弱さは私たちの強さです。
キリストの大きな傷は私たちの美です。

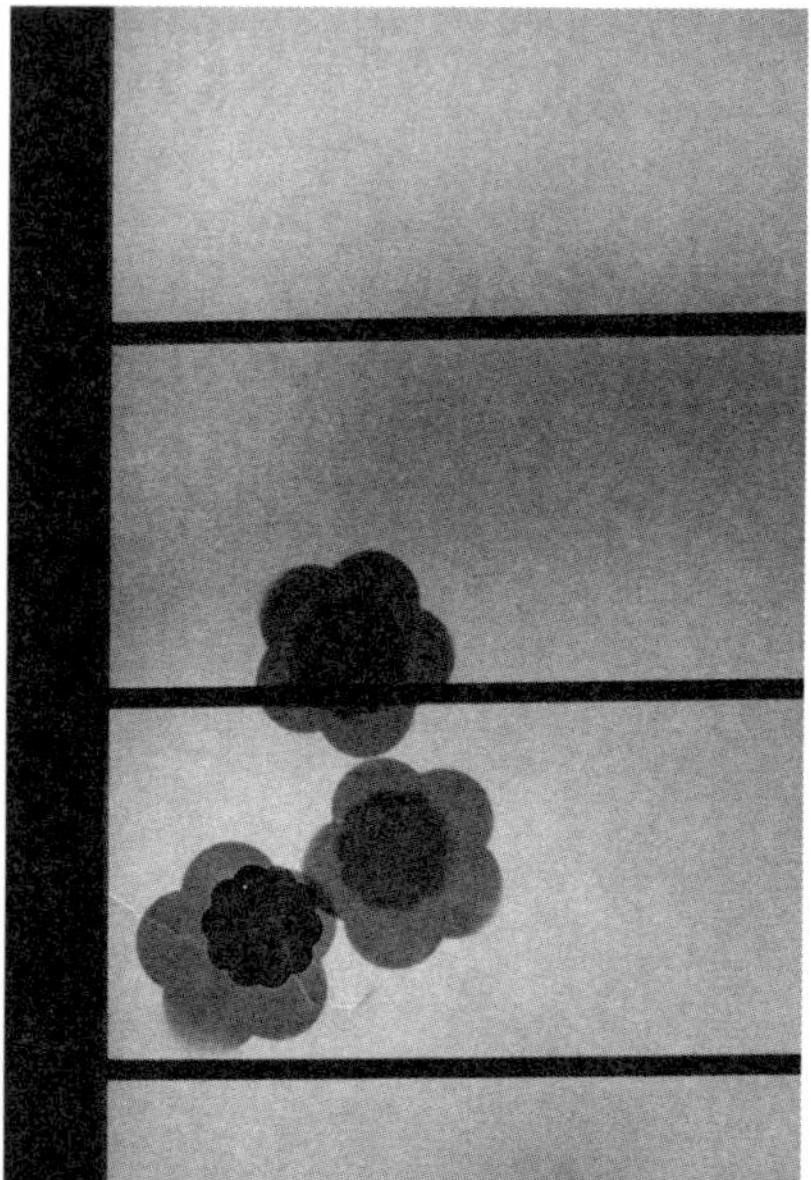

メディテーション4

でこぼこの道

最後に、兄弟たち。すべて真実なこと、すべて尊ぶべきこと、すべて正しいこと、すべて清いこと、すべて愛すべきこと、すべて評判の良いことに、また、何か徳とされることや称賛に値することがあれば、そのようなことに心を留めなさい。

ピリピ4・8

使徒パウロがピリピ人に勧めたように、神の目で世を見ることは、真実なことや愛すべきことや評判の良いことを見つけて考えて、意識的に選び取ることです。私たちは壊れた世界に住んでいるので、たいてい壊れや弱いものに美しさを見つけることになります。

千利休はお茶を立てるとき、丈夫な器より壊れた器を選びました。金継ぎの技術が作られたとき、壊れた陶器は捨てられるのではなく、修理されました。根来の器が赤の薄い層で覆われたとき、使い込んで傷ついたものに美しさが見いだされました。私たちがこの世界で作るものの美しさは、神がこの世界でいろいろなものを再び作り直した美しさ、弱さから生まれる美しさを反映しています。

星野富弘はそのとき大学を卒業したばかりの中学の体育教師でした。クラブ活動の指導で宙返りをやって見せようとしたとき、悲劇が起こりました。頸髄を損傷し、首から下の運動機能を失ってしまったのです。若く健康だった星野は、ベッドと車椅子に縛られることになりました。

年が経つにつれて、星野は自分の状態を受け入れ、違う視点で世界を見るようになりました。体の不自由さによって新しい見方を与えられたことが理解できました。そして強さではなく弱さの観点から世界を見始め、口でくわえた絵筆で絵と詩を書き、そのことを伝え始めました。星野の主なテーマは、もろい花や価値がないようなものの美しさです。

星野の著書に、電動車椅子に乗る星野がでこぼこの道を通る話があります。星野にとって、それはいつも恐ろしい時でした。車椅子から落ちて地面から起き上がれなくなる危険がありました。

あるとき、友達から車椅子に付ける小さな鈴をもらいました。車椅子が揺れるたびに、鈴はチリンと「心にしみるような澄んだ音色」[1]で鳴りました。星野はその小さな鈴の朗らかな美しい音のおかげで、でこぼこの道を楽しみ始めました。星野はこう書いています。「〝人も皆、この鈴のようなものを、心の中に授かっているのではないだろうか。〃その鈴は、整えられた平らな道を歩いていたのでは鳴ることがなく、人生のでこぼこ道にさしかかった時、揺れて鳴る鈴である」[2]

この話を読み、私は破れた障子を修復する方法を思い出しました。破れが広がらないように小さい紙を使って穴の空いた場所を塞ぎます。単純な四角い紙の代わりに、花や星などの形の紙を貼ることもあります。このように、障子の補修は破れた所を美しくする意識的なプロセスなのです。

弱さの中に見つけられる美しさは、弱い人々に注がれた神の恵みを反映しています。神は、神の民や世界を美しく作り直すことによって、破壊から救い出してくださいます。神の恵みは、馬小屋で生まれた赤ちゃんと、馬小屋で赤ん坊として生まれ、十字架の上で息もできないほどに苦しんだ一人の男を通して、もろさの中で与えられます。イエスの弱さを見るとき、私たちは自分の弱さをもって「愛すべきこと」（ピリピ4・8）を見いだすようになります。イエスを通して、私たちはそのような美しさをいただくことができるのです。

1　あなたの人生の中の「でこぼこの道」を思い出してください。それに対するあなたの態度は、自分自身にどんな影響を与えましたか。そのときに美しさを見いだすことができましたか。

2　壊れの中に美しさを見いだすことができないと、私たちは憎しみ、怒りを抱き、かたくなになることがあります。あなたの人生や他の人の人生に、そのような例はありますか。

3　ドストエフスキーの小説『白痴』には、「美は世界を救う」という有名な言葉があります。「壊れた美」はどのように世界を救うと思いますか。

4　聖書には「神のなさることは、すべて時にかなって美しい」（伝道者3・11）と書いてあります。福音とは、すべての壊れが美しくなるという素晴らしい知らせです。この知らせをあなたはどう受け止めますか。

弱さの中に見つけられる美しさは、
弱い人々に注がれた神の恵みを反映しています。

メディテーション5

天の音楽

また、私は天からの声を聞いた。それは大水のとどろきのようであり、激しい雷鳴のようでもあった。しかも、私が聞いたその声は、竪琴を弾く人たちが竪琴に合わせて歌う声のようであった。

黙示録14・2

西洋の文化で、竪琴《ハープ》は天の音楽というイメージを与えます。竪琴は垂直に上に向かって伸びています。弦は耳障りな不協和音を出さず、流れるようなグリッサンドを奏で、指先が一本の弦を柔らかく弾くと、周りの弦も共鳴してまろやかなハーモニーを響かせます。

竪琴の天使のようなメロディーは、古代から癒やしと慰めをもたらしました。サウル王の悩みさえも和らげたと聖書に書いてあります。

「神の霊がサウルに臨むたびに、ダビデは竪琴を手に取って弾いた。するとサウルは元気を回復して、良くなり、わざわいの霊は彼を離れ去った」（Iサムエル16・23）

対照的に日本の箏《こと》は地に縛られたような重厚な響きを持っています。弦は硬い爪で下向きに弾いて、地面に向かい激しい音を出します。弦を押したり引いたりして、音を上下させ、泣き声やため息を表現するようです。和音はよくアルペジオに分割されます。

日本の伝統的な芸術にある重厚感は舞踊にも見られます。西洋のバレリーナは爪先で立ち、無重力の幻想を与えます。バレリーナは腕を高く上げ、他の人の肩の上で舞台を渡り、羽のような軽さで空を飛ぶように踊ります。対照的に日本の舞踊では、体の重心は低く保たれ、膝は曲げられ、足は地面からほとんど離れません。足踏みは、中空の舞台の床に低音で反響します。

そして、西欧音楽と日本の音楽の大きな違いは音階です。日本の音階の中で五分の四は不協和音の半音音程です。音楽の言語で不協和音は壊れを表すと言われています。「さくらさくら」「通りゃんせ」などのメロディーは不気味な美しさを醸し出します。箏は不協和音によって贖いを美しく歌っています。

素晴らしいものを見て感動することを琴線に触れると言います。英語でも同じような表現があります。心の奥に箏の弦があって、何かに共鳴するという意味です。

「私には大きな悲しみがあり、私の心には絶えず痛みがあります」（ローマ9・2）

私たちは痛み、病気、死などに満ちた世界に住んでいます。私たちは、心の弦が上下することをよく知っています。そして、毎日この不協和音を経験しています。

箏の音楽は、この苦しい世界にある癒やしの恵みについて私に語りかけます。箏の美しさは、重さと不協和音を通して引き出されるからです。「悲しみの人」は、十字架の重さを運ぶことによって私たちの罪の重さを贖います。イエスが崩壊への道を歩むことで、形成への道が私たちに与えられました。イエスが悲しみ苦しむことで、私たちが喜びを知ることができるのです。

箏の音楽はこの世界の音楽だけでなく、天の音楽そのものでもあります。

「また、私は天からの声を聞いた。……竪琴を弾く人たちが竪琴に合わせて歌う声のようであった」（黙示録14・2）

天国で聞いたのは西洋の竪琴だけでしょうか。日本の箏を聞いた可能性もあるのではないかと私は想像します。十字架にかけられたキリストの苦しみは、天の音楽の不協和音によって永遠に賛美されているのではないでしょうか。

イエスの打ち傷のゆえに、私たちは癒やされます。ゴルゴタでのイエスの重い足のゆえに、私たちの魂は舞い上げられます。おそらく神の創造のご計画を表現するのに箏は最適でしょう。私は、この日本の伝統的な楽器以上に、私たちを天国に迎えるのにふさわしい音楽はないのではないかとも思っています。

1　竪琴やバレエのほかに、天国に向かうような軽くて美しいものには何がありますか。また、琴や日本舞踊のほかに、地に縛られているような重くて美しいものには何がありますか。

2　喜びを奪う「重い」ものとは、例えばどんなものですか。これらに対する贖いの希望とはどんなものですか。

3　悲しんでいるときや苦しんでいるとき、アートは無益だと言う人がいます。あなたはどう思いますか。この壊れた世界において美はどう役に立つでしょうか。

4　最後の段落の「ゴルゴタでのイエスの重い足のゆえに、私たちの魂は舞い上げられます」についてどう思いますか。

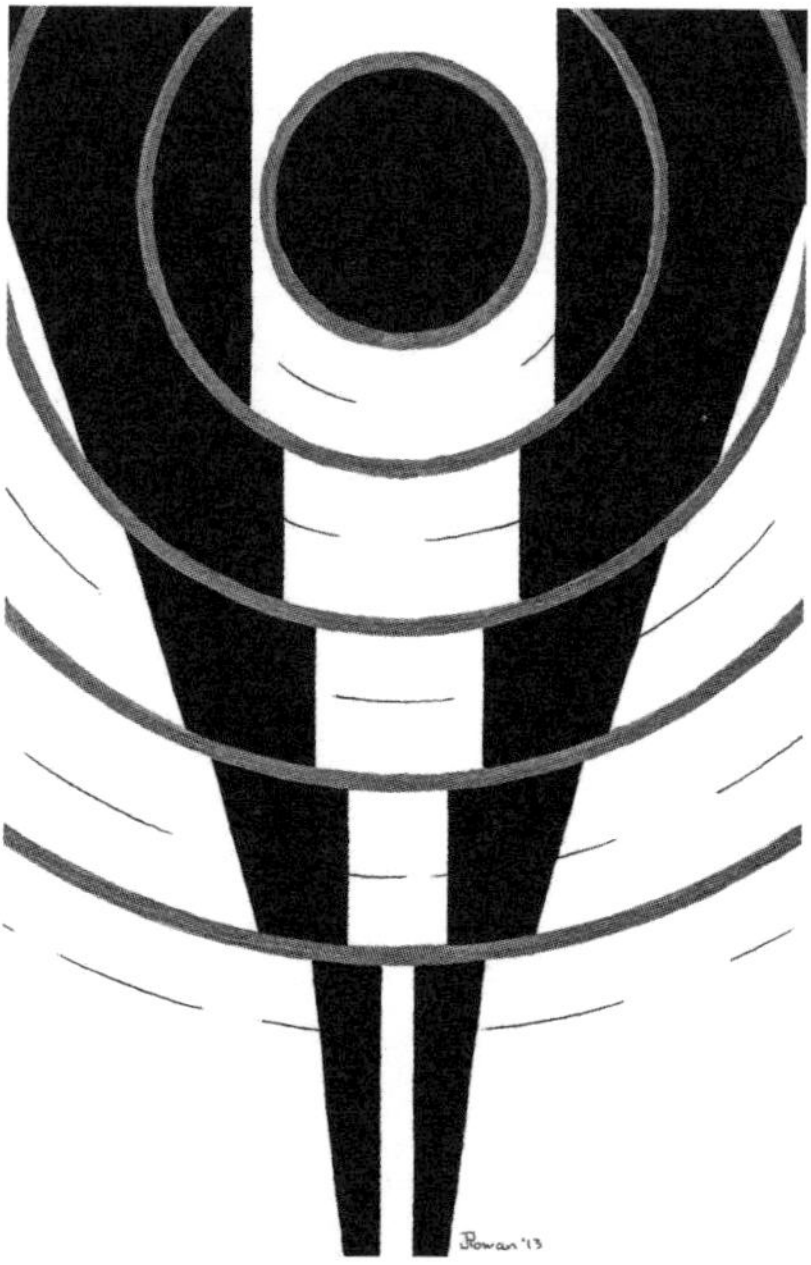

「海の底から見つめるように、私たちの眼は見上げる」（二〇一三）
ジェイコブ・ロワン

メディテーション6

レインボーブリッジ

わたしは雲の中に、わたしの虹を立てる。それが、わたしと地との間の契約のしるしである。

創世記9・13

虹を見たかったら、雨も我慢しなくちゃね。

ドリー・パートン（アメリカのカントリーシンガー）

私のマンションの窓から、東京の最も有名なランドマークの一つであるレインボーブリッジが見えます。東京湾をまたいで東京の中心とお台場をつなぐこの巨大な吊り橋は、夜間は虹色に輝きます。

レインボーブリッジという名称は、日本の神話でイザナギ神とイザナミ神が渡った橋の名に基づいています。この二人は、天と地をつなぐ虹色の浮き橋から、広大な海の水面を見下ろしました。イザナギは輝く宝石に飾られた槍で海をかき回し、水滴が落ちて、淡路島という日本の最初の島ができたと言われています。[1]

私はこの物語は非常に興味深いと思います。まず、虹の性質について考えてください。白い光が水滴に入ると、光の方向が曲がり、何千何億にも砕けます。光が壊れた結果、虹の輝く色が見えるようになるのです。虹は「壊れ」からできたものです。

聖書の観点から見ると、虹は人間との神の契約の意味も示しています。[2] 神は、ご自身の贖いを人に思い出させるために、天と地の間の〝橋〟として虹を作りました。壊れが美しいものへと変わったものが虹です。人間は、もはや罪の代償として神から離れる必要はありません。

虹は契約のしるしであり、イエスの血ではっきりと「署名された」契約の表示でもあります。神の愛を思い出させるために、まるで「壊れ」という言葉が空に大きな文字で書かれているようです。このしるしはどんな時代でも人々に救いの道を伝えています。私は、教会の壁や床のモザイクのタイルや石の破片、また、ステンドグラスの窓の割れたガラスから射す虹色の光を見ると、この約束を思い起こします。

「御子は神の栄光の輝き、また神の本質の完全な現れであり……」(ヘブル１・３)

神の栄光は、十字架にかけられたキリスト、屠られた子羊、苦しんでいるしもべ、傷ついた救い主であるイエス・キリストにおいて現されます。父なる神は、壊れた七色の光である虹によって、私たちに神の栄光を見せてくださいます。[3]

「その方の周りにある輝きは、雨の日の雲の間にある虹のようであり、まさに主の栄光の姿のようであった」[4]（エゼキエル1・28）

虹は神の栄光としてキリストを指していますが、橋も神の栄光を示しています。ある夜ヤコブは、地から天に掛けられた梯子《はしご》を天使が上り下りする夢を見ました。この梯子は、天と地をつなぐ橋になりました。しかし天国へ歩いて行こうとしても、ヤコブは決して着くことはできなかったでしょう。この橋は長過ぎるのです。

イエスは、私たちに橋を渡る方法を示すために来たのではありません。つまり、道を示したのではありませんでした。イエス自身が道でした。人間と神をつなぎ、共にいることができるように自らが橋になったのです。

「まことに、まことに、あなたがたに言います。天が開けて、神の御使いたちが人の子の上を上り下りするのを、あなたがたは見ることになります」（ヨハネ1・51）

人の子は神への架け橋ではなく、神そのものです。天使たちは、人の子からではなく、人の子へでもなく、人の子を上り下りします。イエスは、人間が自分の力では通れない細い道です。イエスという虹の橋は、神の創造の計画、福音を輝かしく示しています。

私は窓の外で輝くレインボーブリッジを見るたびに、天と世をつなぐ美しい橋であるキリストを思い出すのです。

1　アメリカのカントリーシンガーであるドリー・パートンは「虹を見たかったら、雨も我慢しなくちゃね」と言いました。あなたはどう思いますか。

2　虹が壊れからできるということは私たちの壊れた世界にどのように希望をもたらしますか。

3　美しいものがあなたの人生の壊れから生まれたことがありますか。

4　キリストは勝利した英雄であり、同時に神の屠られた子羊でもあります。それぞれはあなたにとってどのような意味がありますか。

メディテーション7

真珠と神の民[1]

天の御国はまた、良い真珠を探している商人のようなものです。高価な真珠を一つ見つけた商人は、行って、持っていた物すべてを売り払い、それを買います。

マタイ13・45—46

世界中のあらゆる宝石、鉱物、貴金属の中でも、アコヤ貝の真珠の虹色の美しさに並ぶものはありません。人工的に細工をしたり磨いたりしなくても、その完璧な玉は自然に美しく輝いています。

アメリカの有名な発明者トーマス・エジソンにとって、養殖真珠は「生物学的不可能」[2]のものです。しかし、真珠王と呼ばれている御木本幸吉（一八五八—一九五四）はそれを成し遂げました。一時期、御木本は世界の宝石市場の七五％を生産しました。ミキモトパールは、ネックレスやイヤリングなどの高級なジュエリーを提供し、銀座にある店舗は世界的に有名になりました。すぐに他の人も同じ方法を使って、琵琶湖で淡水真珠を養殖するようになりました。たくさん輸出されたので世界中で琵琶淡水真珠と淡水真珠がほぼ同義語になりました。

真珠ができるのは本当に奇跡的なことです。真珠は「壊れ」から生まれます。砂や細菌などで細胞が損傷すると、アコヤ貝は反応して複数の層を作って保護します。[3] これを利用して、養殖真珠では刺激物と共に他の貝の外套膜の部分を、アコヤ貝の最も脆弱な部分に挿入します。すると、数千もの真珠層（真珠母）の細かい層ができて、やがてコンクリートより強く光沢のある半透明の玉が作成されます。

「十二の門は十二の真珠であり、どの門もそれぞれ一つの真珠からできていた」（黙示録21・21）

真珠という素晴らしい美しさと価値のある物は、損傷した貝が作り出します。壊れや苦しみから形成された真珠が、天国の美しさや完璧さを象徴するのは面白いことではありませんか。「真珠の門」を通らないと誰も天国の都市に入ることができません。

福音の物語を永遠に再現するために、神が貝を作ったとしたらどうでしょうか。もし真珠が、私たちが怒りの器からあわれみの器になるために犠牲になったイエスを指し示しているとしたら、どうですか（ローマ9・22―23）。[4] イエスの体が裂かれたのは、私たちがその血で洗われ、私たちの上に神の恵みが何層にも重ねられるようにするためでした。子羊の苦しみは私たちが天国に入るための入り口を作りました。私たちの欠けや壊れを認めなければ、その入り口を通ることはできません。真珠の美しさを通して神の民の弱さが明らかにされ、神の栄光が現され、私たちが天国で永遠に神の美しさに覆われることが示されます。

天の都市にある他の物も福音を表しています。

「……御使いが都をその竿で測ると、一万二千スタディオンあった。長さも幅も高さも同じである。また城壁を測ると、百四十四ペキスあった。これは人間の尺度であるが、御使いの尺度も同じであった。都の城壁は碧玉で造られ、都は透き通ったガラスに似た純金でできていた」（黙示録21・16―18）

天の壁は「壊れ」でできています。碧玉（ジャスパー）は、地面の下にある熱と圧により土砂、塵、灰の層が歪《ゆが》み、折れて、破れることで形成されます。碧玉の美しさは、その苦しみの跡と傷にあります。壊れが変化して、碧玉の栄光となったのです。

城壁の土台は十二種類の宝石で飾られています。

「都の城壁の土台石はあらゆる宝石で飾られていた。第一の土台石は碧玉、第二はサファイア、第三はめのう、第四はエメラルド、第五は赤縞めのう、第六は赤めのう、第七は貴かんらん石、第八は緑柱石、第九はトパーズ、第十はひすい、第十一は青玉、第十二は紫水晶であった」（黙示録21・19―20）

地面から掘り出されたとき、宝石はただの鈍い岩に過ぎません。石は、職人の手による慎重な切断、研削、研磨で、見事に豊かな色で輝きます。神はみわざにおいて、壊れた破片から美しい宝石を作るプロセスを喜ばれます。

十二の門と十二の城壁の土台のように、また天の壁の長さや高さ（十二×千スタディオン）、厚さ（十二×十二ペキス）と同じように、私たち神の民も十二で表されます。天の真珠、土台、壁は神の民によって形成されます。聖なる都、キリストの花嫁である私たちは、キリストの福音を通して永遠に神の栄光を示しています。

「……『ここに来なさい。あなたに子羊の妻である花嫁を見せましょう。』そして、御使いは御霊によって私を大きな高い山に連れて行き、聖なる都エルサレムが神のみもとから、天から降って来るのを見せた。都には神の栄光があった」(黙示録21・9―11)

真珠の門と天の都を通して、私たちの中に福音の産物を見ることができます。それは私たちの想像を超えた美しさです。そして、私たちの美しさと価値も、神が見ているように見ることができます。

「天の御国はまた、良い真珠を探している商人のようなものです。高価な真珠を一つ見つけた商人は、行って、持っていた物すべてを売り払い、それを買います」(マタイ13・45―46)

私たちは自分が高価な真珠になることができると信じることができるでしょうか。キリストが私たちを買い取るために持っているものすべてを放棄してくださったことを信じることができるでしょうか。私たちが経験する痛みや苦しみが、天国の構成要素になると想像できますか。

「あなたは屠られて、すべての部族、言語、民族、国民の中から、あなたの血によって人々を神のために贖い……」（黙示録5・9）

天国の真珠は商人の血によって買い取られました。天国の最高の美しさは、神の御座の屠られた子羊において見られます。虹色の光がこの御座を包み込みます（黙示録4・3）。虹とは、白い光が屈折していろいろな色に見えるものです。つまり、光が壊れて美しさが生まれるのです。真珠の虹のような玉虫色も、子羊の壊れた美しさを反映しているようです。

自分自身の壊れを見つめるとき、私たちは神のあわれみをもっと見ることができるようになります。キリストをもっと深く賛美し、この世界で苦しんでいる人々に寄り添うことができるようになります。真珠は、この世界がどれほど美しく変身するのかを示すだけでなく、神の目に私たちが想像以上に大切にされていることを示しています。「宝石の女王であり女王の宝石である」と言われている真珠は、おそらくキリストの花嫁と神の民にとって最高のシンボルです。

1　英語で「パール」というのは女性の名前として使われています。真珠と呼ばれることはいいことでしょうか。それはどうしてでしょう。

2　真珠は、貝の壊れから作り出したものです。このことについてどう思いますか。

3　私たちが壊れからできた美しいものだとしたら、それは世界での私たちの役割にどのような影響を与えますか。

4　神があなたを貴重な真珠と見なしているとしたら、それはあなたの人生にどのような影響を与えますか。

「愛する人　パート2」（二〇一八）
ブランディ・アントニオ

メディテーション8

見捨てられた者

あなたの生まれについて言えば、あなたが生まれた日に、あなたは、へその緒を切られず、水で洗いきよめられず、塩でこすられず、布で包まれることもなかった。だれもあなたにあわれみをかけず、これらのことの一つでもあなたにしてやって、あなたに同情しようとはしなかった。あなたの生まれた日に、あなたは嫌われ、野に捨てられた。

わたしがあなたのそばを通りかかったとき、あなたが自分の血の中でもがいているのを見て、わたしは血に染まったあなたに「生きよ」と言い、血に染まったあなたに、繰り返して「生きよ」と言った。

エゼキエル16・4—6

エゼキエル16章は、小さいときから一番好きな聖書箇所の一つです。神の民に対する神の御心や意思がはっきりと語られています。神は、誰にも愛されない情けない状況の私たちを見て、大胆に「生きよ」と言います。その声は、まるで叫んでいるかのようです。

私は村上龍の『コインロッカー・ベイビーズ』を読んだとき、この愛されていない状況にのみ込まれるのを感じました。物語は蒸し暑い夏の日に始まります。二人の母親が東京駅のコインロッカーに生まれたばかりの男の子を置き去りにしました。近くを歩いていた人が泣き声を聞きます。二人の赤ん坊は養護施設に連れて行かれ、兄弟として育てられました。

この二人は母胎で知っていた安らぎと愛を求めて、あちこちをさまよいました。物語は、怒りと破壊で終わります。しかし、命への欲求もあります。

「心臓の音は信号を送り続けている。……妊婦の腹にいる胎児も同じ信号を受け取っている。ハシは息を吸い込んだ。涼しい空気が舌と声帯を冷やす。母親が胎児に心臓の音で伝える信号は唯一つのことを教える、信号の意味は一つしかない。ハシはまた息を吸い込んだ。冷たい空気が喉と唇をつなぐ神経を一瞬甦らせ、ハシは声を出した。初めて空気に触れた赤ん坊と同じ泣き声をあげた。もう忘れることはない、僕は母親から受けた心臓の鼓動の信号を忘れない、死ぬな、死んではいけない、信号はそう教える、生きろ、そう叫びながら心臓はビートを刻んでいる。筋肉や血管や声帯がそのビートを忘れることはないのだ[1]」

「生きよ」は、すべての人間が母胎で感じる最初のメッセージです。自分よりも大きな生き物の心臓の鼓動は、私たちに愛、親密さ、希望、保護の最初の感覚を与えてくれます。なんという感動的なイメージでしょう。

『コインロッカー・ベイビーズ』は暗闇に満ちています。そのため、誰にでもお薦めできるわけではありません。しかし村上のイメージとストーリーテリングは素晴らしく、人間の心にある嘘の影を見事に表現しています。「私たちは愛されていない。私たちは望まれていない。私たちは見捨てられて孤独だ」と。

「突然、この世の中には幸福なんてないんだ、という悲しい思いに捉われて涙が出そうになり必死に我慢しているとその思いは怒りに変わった[2]」

聖書はまったく逆のメッセージを語っています。

「女が自分の乳飲み子を忘れるだろうか。自分の胎の子をあわれまないだろうか。たとえ女たちが忘れても、このわたしは、あなたを忘れない」（イザヤ49・15）

イエスは放棄された痛みをよく知っています。十字架でイエスは、友達や家族を失っただけでなく、ずっとあった父の親密な愛さえも失いました。十字架でイエスは放棄され、忘られない言葉を叫びました。

「わが神、わが神、どうしてわたしをお見捨てになったのですか」（マタイ27・46）

イエスが都の門の外で受けた苦しみは、見捨てられたしるしです。私たちが完全に見捨てられることを経験しなくてよいように、代わりにイエスが十字架で肉体的、霊的に完全に見捨てられました。私たちが見捨てられた者にならないように、イエスが見捨てられた者になりました。

「あなたはもう、『見捨てられた』と言われず……」（イザヤ62・4）

神が世界の暗い「コインロッカー」から私たちを救い出し、私たちの孤独は消え去ります。天の父なる神の愛は、母親の心臓の鼓動の温かさや安らぎとは比べものになりません。私たちは神の愛から引き離されることはありません（ローマ8・39）。イエスは「わたしが来たのは、羊たちがいのちを得るため、それも豊かに得るため」（ヨハネ10・10）だと言って、「見よ。わたしは世の終わりまで、いつもあなたがたとともにいます」（マタイ28・20）と言いました。イエスはインマヌエル、私たちと共にいる神です。

「わたしは血に染まったあなたに『生きよ』と言い、血に染まったあなたに、繰り返して『生きよ』と言った」（エゼキエル16・4―6）

神は繰り返して「生きよ」と言いました。神は聖書でこのメッセージを強調するために何度も繰り返しています。私たちは愛されています。私たちは望まれた者です。私たちは見捨てられた者ではありません。

1　現代社会では、どんな放棄が問題になっていますか。

2　『コインロッカー・ベイビーズ』における子宮での愛の体験のイメージについてどう思いますか。

3　この作品では、このことを感じなかったら、どうなると言っていますか。

4　孤独ではないという意識は人間にとって非常に重要ですが、その意識をもったり与えたりするのはなぜ難しいのでしょうか。

5　神があなたを愛しておられることを受け入れられますか。受け入れられるとしたら、それはあなたの人生にどのような影響を与えますか。

私たちは愛されています。
私たちは望まれた者です。
私たちは見捨てられた者ではありません。

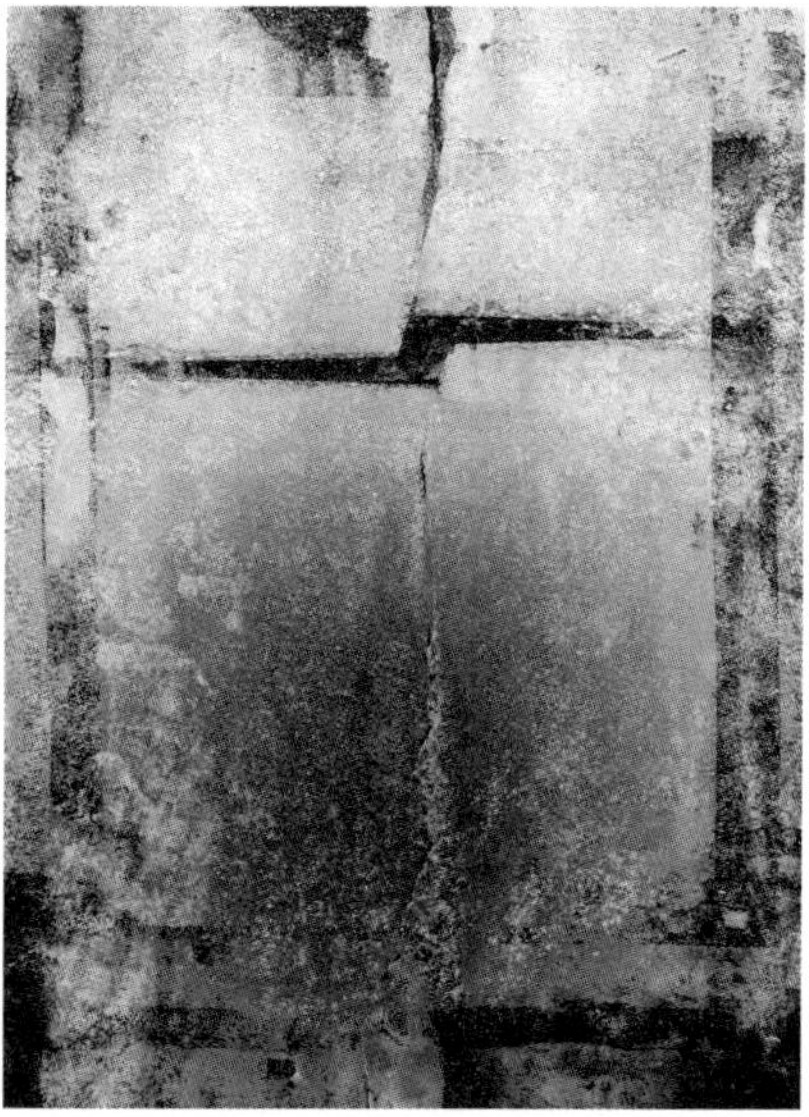

「アライメント」（二〇一九）
ピーター・ベイクラー

メディテーション9

賛美の美を知る

あなたがたのからだを、神に喜ばれる、聖なる生きたささげ物として献げなさい。それこそ、あなたがたにふさわしい礼拝です。

ローマ12・1

賛美という言葉は「賛」と「美」という漢字でできています。私たちは美しいものを通して神を賛《たた》えます。そして、真の美を賛えます。神を賛美するために、真の「美」とは何なのか考えてみたいと思います。

この世に美しいものはたくさんありますが、日本的な美は壊れや犠牲の上にあるという点でアメリカと異なります。東京大学の美学者であり哲学者でもあった今道友信は、このように説明しています。

「善と美とを比較して美が善より上だろう、一番尊いものだと私は思うのです。善よりも美が優れているということはどういうことかと言うと、簡単に説明するときには漢字で説明します。善というのは犠牲の羊が一定の規格である四角い箱の上に乗っているということで、……善とはこの世の定めた犠牲をすれば可能なのです。世の中で定めた犠牲とは、税金を納めるとか、疲れているけれども目上の先生がいらしたから立ってお辞儀をするとか、そういうことです。義という字も我が共同体の犠牲の羊を背負っているという意味です。これは天と社会に対する責任を示します。美は、その羊が大きいと書いてある。……それは犠牲が大きくて定められた器なんかに乗らない、場合によっては自分の命がそのために押しつぶされて死ぬような大きな犠牲だと思う。……自分で進んで人のために奉仕する、そういう心が本当に美しいと思います[1]」

美という漢字が表す犠牲による美は、世界中にあります。秋に葉が枯れていくとき、太陽が空から沈んでいくとき、美しい色に染まります。太陽の原子は壊れることで熱や光を出し、植物の種は割れることで芽を出します。美味しい寿司は魚の犠牲によりできています。ろうそくや線香は、燃えることによって芳しい香りと光を出します。繊細な和紙を作るためには、木材を砕くプロセスが必要です。切り絵を作るためには、美しい紙を切らなければなりません。花を生けるためには、茎を切らなければなりません。そのような美しさに、アメリカ人である私は日本文化に触れて初めて気がつきました。

三浦綾子は、クリスチャンの自己犠牲の実話に基づいた多くの小説を描きました。『塩狩峠』は、長野正雄の話に基づいています。北海道の山を走っている電車が制御不能になったとき、電車を止めるために長野は線路に身を投じました。[2]長野の英雄的な行為によって、乗客皆の命は救われました。

『氷点』という小説のクライマックスは、宣教師A・R・ストーンの自己犠牲です。一九五四年の台風でストーンは死にました。そのとき船上にいたストーンは、自分の救命胴衣を大学生に渡し、自分の命を救う代わりに、他の乗客が救命胴衣を身に着けるのを助けたのです。[3]

日本に来て間もない頃、妻と私は歌舞伎のチケットをもらいました。私たちは、歌舞伎について全然知らないまま、歌舞伎座に入りました。初めて三味線、太鼓、鐘の音を聞きました。舞台で役者の動きは、私にとって異国的なものでした。ブチブチ途切れるイヤホンで英語の通訳を聞きましたが、話はあまり分かりませんでした。最後に男が花道をゆっくりと重い足取りで歩いて行きます。肩に何か重いものを背負っているようでした。会場の照明がつくと、客は皆涙を拭っていました。

印象的なシーンでしたが、意味は分からないままでした。

最近、歌舞伎座の近くにある歌舞伎専門の図書館を見つけました。そこの図書館員に私が覚えている話を説明すると、大きな古い本を何冊か渡されました。私はそれを何時間もかけて真剣に読みました。そして、見つけたのです。

『菅原伝授手習鑑』は、平安時代の貴族、学者、漢詩人、政治家である菅原道真の話です。道真は謀反を企てていると疑われ、不当に訴えられましたが、その恥を受け入れて、家族と離れ、国から去りました。道真は、愛する娘の顔を二度と見ることができませんでした。

私が見たのはその場面だけでしたが、話はそれで終わりではありませんでした。「寺子屋」という有名なシーンがその少し後に出てきます。

道真の死後、残された息子はある寺子屋にかくまわれていました。寺子屋の主人は道真の弟子だった人でした。ある日、寺子屋の主人はその息子を殺すよう命じられます。主人は道真の息子を守るため、悩んだ末に別の少年を殺しました。実はその殺された少年の父親は、道真に仕えていたもう一人の弟子でした。その弟子は道真の息子の身代わりにするために、あらかじめ自分の息子を寺小屋に送っていたのです。

私はこれを読むと、図書館の真ん中で立ち上がって、「これだ！　これが福音だよ！」と叫びたい衝動に駆られました。日本文化についての古い本を読んで、またもやキリストへの手がかりを見つけたのです。私は非常な衝撃を受け、ぼう然としたまま、何とか家にたどり着きました。

3・11の津波について聞いた話がよみがえりました。ある小学校の女性の教師は何往復もして、海の近くにいる子どもたちを高台にある学校に避難させました。しかし最後には、教師は行ったきり、もう戻ってきませんでした。消防士たちは津波が来る前に、残された人がいないか釜石市の道をトラックで探して回りました。彼らも津波にのみ込まれました。

南三陸市の若い女性の記念碑を思い出しました。この女性は津波にのまれるまで役場で警報を流し続けました。地球規模の災害を防ぐため、放射線による病と死の危険を冒して壊れた原子力発電所で作業に当たった人々もいました。

美しい犠牲の物語は、天の中心にある本当の美しさをエコーのように響かせています。すべての犠牲が天国にある犠牲を指し示します。

「また私は、御座と四つの生き物の真ん中、長老たちの真ん中に、屠られた姿で子羊が立っているのを見た。……彼らは新しい歌を歌った。『あなたは、巻物を受け取り、封印を解くのにふさわしい方です。あなたは屠られて、すべての部族、言語、民族、国民の中から、あなたの血によって人々を神のために贖い……』」（黙示録5・6、9）

犠牲は美の道であり、犠牲の道は十字架の道です。私たちがこの世界で見る大小の犠牲は、天国の「大きな犠牲の羊」という大きな自己犠牲を指し示しています。

神は、自らを高く上げ、王の麗しさを見せると宣言しました。[4] その「高く上げる」とは十字架の犠牲を意味していました。王の麗しさは、十字架にかけられたイエスの頭の上に掲げられました。イエスを侮辱するために書いた「ユダヤ人の王」という札が真理を語っています。

王の麗しさは、私たちの恥のために砕かれるという行為に現れています。キリストの犠牲の美しさを賛美するために、ある女はイエスの頭の上に非常に高価な香油を注ぎました。「イエスは言われた。『彼女を、するままにさせておきなさい。なぜ困らせるのですか。わたしのために、良いことをしてくれたのです』」（マルコ14・6）

賛美の「美」を知らなければ、また神の美しさを知らなければ、神の栄光を賛美することはできません。聖餐式は、神が砕かれたことを賛美する礼拝のとても大切な儀式です。私たちと礼拝の対象であるキリストを直接に結びつけるのは、キリストの犠牲の美しさなのです。

1 今道友信氏は、「最大の美は最大の犠牲にある」と書きました。世界でどんな例がありますか。

2 自己犠牲を描いた文学や映画などの作品で、印象的なものは何ですか。

3 誰かが犠牲を払ってあなたに何かを与えてくれたことがありますか。

4 イエスが払ってくださった犠牲はあなたにどんな影響を与えますか。

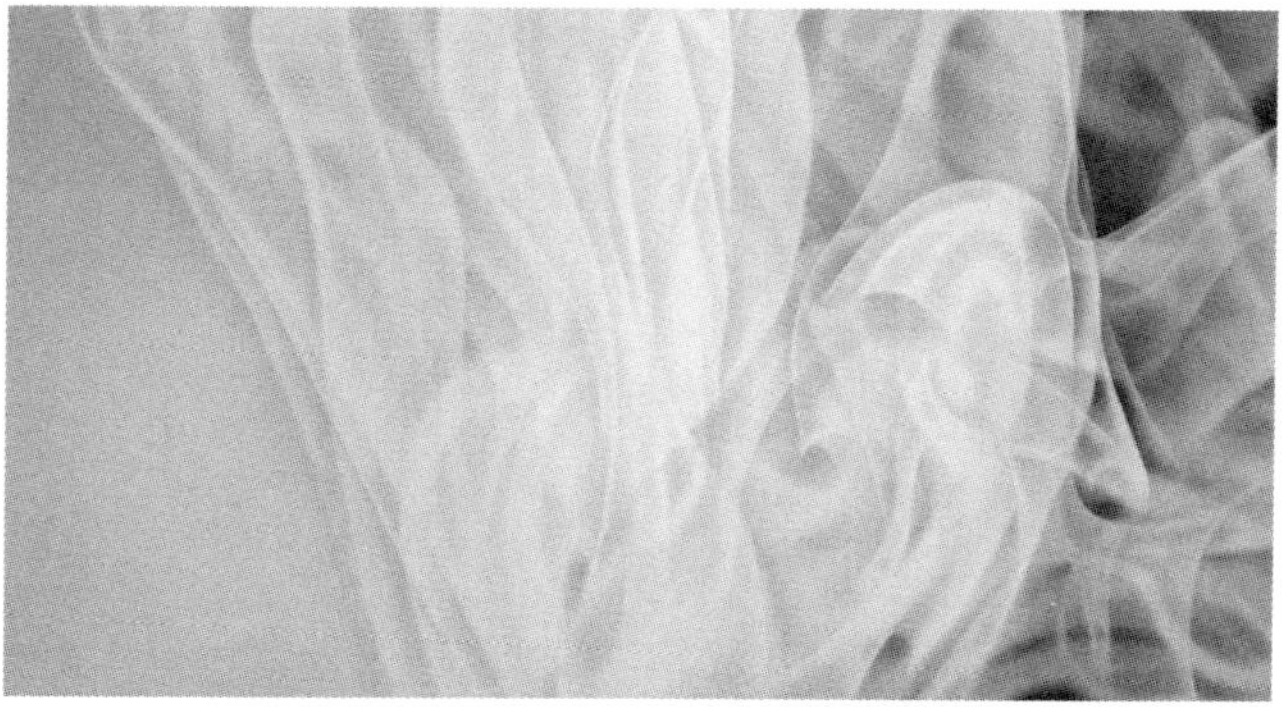

「水焔」(二〇一二)
及川聡子

メディテーション10

芳ばしい香り

アロンは……主の前の祭壇から炭火を火皿いっぱいに、また、粉にした香り高い香を両手いっぱいに取り、垂れ幕の内側に持って入る。その香を主の前の火にくべ、香から出る雲が、あかしの箱の上の「宥めの蓋」をおおうようにする。彼が死ぬことのないようにするためである。

レビ記16・11―13

この世界の良い、楽しい、美しいものを私たちは五感で感じ取ります。中でも嗅覚が一番強いと科学者は言っています。香道が茶道と華道とともに日本の伝統芸能の三道の一つになったのは、そのためでしょう。

香炉に入れた灰の中に熱した香炭団《こうたどん》をうずめ、その上に小さな香木《こうぼく》を載せます。香木はゆっくり熱くなり、絶妙な香りを放ちます。人々はその香りを楽しみ、鑑賞します。このとき、香りを嗅ぐではなく、聞くと言います。

興味を惹かれるのは、香木に使われる沈香《じんこう》の生成の過程です。[1] 木の幹に傷がついて菌に触れると、菌が幹の中に入り込んで内部に広がります。木は自分を守るために樹脂を分泌します。この樹脂が蓄積することにより、幹の内部は色が暗くなり、重く硬くなります。やがて木が枯れて腐敗すると、その部分だけが残ります。これが沈香です。沈香は非常に貴重なもので、金の二倍以上の価値があります。

この木は、傷ついたにもかかわらず価値があるのではなく、傷ついたからこそ価値があるのです。損傷と感染があったがために樹脂が分泌され、沈香は守られ、価値のあるものになったのです。そして、激しい熱にさらされることによってのみ芳しい香りを放ちます。美しさは、このようなある種の壊れを経て生まれます。

私は香道について考えれば考えるほど、神を賛美する思いへと導かれます。イエスが誕生し、東方の三人の博士がイエスにささげた黄金、乳香、没薬を思い出します。イエスの死の前に女性がイエスの頭にかけた高価な香油も思い出します。キリストは「粉にした香り高い香」（レビ記16・12）です。その香を火にくべ、芳しい香りで満たすことによって人は死なないようになります。キリストは「私たちのために、ご自分を神へのささげ物、またいけにえとし、芳ばしい香りを献《ささ》げてくださいました」（エペソ5・2）。

キリストの血は十字架の樹脂であり、私たちを守り美しくするために流されました。これはキリスト教の美の奥義です。十字架の醜悪さは天の美なのです。キリストの苦しみが私たちの中に「主への芳ばしい香り」（出エジプト記29・18）、美しいものを生み出します。

香道の式は「香、満ちました」という言葉で終わります。これが私たちの祈りです。主への芳しい香りが満ちますように。世界にキリストの命の香りが満ちますように。私たちが「神に献げられた芳《かぐわ》しいキリストの香り」（Ⅱコリント2・15）になりますように。キリストの破れによって、この世の傷と痛みが十字架のもとに置かれ、諸国の民がいやされますように。

神は世の壊れを通して、この世と私たちを比べもののない天の美しい宝にしてくださるのです。

この心地よい香りはなんだろう
羊飼いたちよ、僕らを楽しい気分にさせるのは何？
嗅いだこともないこの香り、
春の盛りの花々にも勝るこれは何？
この心地よい香りはなんだろう、
羊飼いたちよ、僕らを楽しい気分にさせるのは何？[2]

1　どんな香りが好きですか。香りにまつわる思い出がありますか。

2　壊れを通して出てくるお香の美しさは、この世界についてどんなことを教えてくれますか。

3　心地よく美しい香りを他の人にどのようにして届けることができますか。あなたがこの心地よい香りになるのを妨げるものは何ですか。

4　心地よい香りに満ちた世界を想像してみてください。どうしたらそのような世界になるでしょうか。

原注

イントロダクション

1 Masao Takenaka, *God is Rice: Asian Culture and Christian Faith*, Wipf and Stock, 1986, p. 6.（日本語訳は筆者による）

2 Kanzo Uchimura, "Japanese Christianity," *The Japan Christian Intelligencer*. Vol. 1, No. 3 (May 15, 1926)（日本語訳は筆者による）

3 福田充男『文脈化教会の形成』ハーベスト・タイム・ミニストリーズ出版部、一九九三年、一五二、一五三頁。

メディテーション1 砕かれた葉

1 英語で「ブロークン」は一般的によく使用され、一語で意味が理解されます。しかし日本語でこれを表現する語彙は多岐にわたり、翻訳は困難です。細かく砕かれた、故障した、破壊された、傷ついた、割れた、破れた、折れたなど……。

2 原文は聖徳太子の『維摩経義疏』ですが、私は北森嘉蔵著『神の痛みの神学』で読みました。北森嘉蔵『神の痛みの神学』教文館、二〇一五年、三一頁。

北森は聖徳太子の古典的な「維摩経の解釈」を引用しています。そこでは、ある仏教の僧が自分自身が病気になることで周りの人がそれを見て、癒やしの必要性を理解するようにしたと言われています。

3　お茶ではなく、コーヒーは今でも愛国心と結びついています。アメリカの共和党での「ティーパーティー運動」は、支持者側からは高い税金と大きな政府に反対する愛国的な立場と受け止められます。

4　茶道具にはそれぞれ名前がついています。黒い楽焼の茶碗は「尼寺」（あまでら）という名がついています。花を持つ二つの竹の花器は「園城寺」（おんじょうじ）です。ひびの入った水指は「柴庵」（しばのいおり）です。

5　利休の残した辞世の句は自己犠牲の道が癒やしと平安に至る道だというように解釈できるとする解説者もいます。

6　J・R・R・トールキン『王の帰還』上、瀬田貞二・田中明子訳、評論社文庫、二〇〇二年、二九五頁

メディテーション2　黄金のひび

1　「もし、あなたの神、主の御声にあなたが確かに聞き従い、主の目にかなうことを行い、また、その命令に耳を傾け、その掟をことごとく守るなら、わたしがエジプトで下したような病気は何一つあなたの上に下さない。私は主、あなたを癒やす者だからである」（出エジプト記15・26）

2　「あなたの傷は癒やされがたく、あなたの打ち傷は痛んでいる。あなたの訴えを擁護する者もなく、腫れものに薬を付けて、あなたを癒やす者もいない。……なぜ、あなたは自分の傷のために叫

ぶのか。あなたの痛みは癒やされがたい。……まことに、わたしはあなたの傷を治し、あなたの打ち傷を癒やす。──主のことば──」（エレミヤ30・12─13、15、17）

3　妻と私はギリシャの古代コリント跡を訪ねたとき、博物館でコリントの陶器の技術発展と輸出について学びました。使徒パウロは福音についてコリントの粘土の器を例にして語りました。コリントの人の文化に合わせてコミュニケーションを取ったのです。

4　ナカムラクニオ『金継ぎ手帖──はじめてのつくろい』玄光社、二〇一七年、二六─二七頁

5　黙示録5章

メディテーション3　十字架の樹液

1　創世記37・25、43・11、エゼキエル27・17、エレミヤ46・11

メディテーション4　でこぼこの道

1　星野富弘『鈴の鳴る道〈花の詩画集〉』偕成社、一九八六年、九一頁

2　同書

メディテーション6　レインボーブリッジ

1　この物語は『古事記』の始めに記されています。

2　「わたしは雲の中に、わたしの虹を立てる。それが、わたしと地との間の契約のしるしである。わたしが地の上に雲を起こすとき、虹が雲の中に現れる。そのとき、わたしは、わたしとあなたがたとの間、すべての肉なる生き物との間の、わたしの契約を思い起こす。大水は、再び、すべての

肉なるものを滅ぼす大洪水となることはない」（創世記9・13―15）

3　光は、神が天と地を創造されたのと同じ第一日に造られました。サウロがイエスに出会ったとき、イエスは天からの光で照らされていました。光は神の栄光と御国を最もよく表すものであるようです。日、月、星の光が神の栄光を示すように、虹の輝く光も神の栄光を示します。

4　ほかにも虹が出てくる箇所は幾つもあります。「御座の周りには、エメラルドのように見える虹があった」（黙示録4・3）。「また私は、もう一人の強い御使いが、雲に包まれて天から下って来るのを見た。その頭上には虹があり、その顔は太陽のよう、その足は火の柱のようで……」（黙示録10・1）

5　ヘブル語では、虹と弓は同じ語です（英語の bow に当たります）。だから、虹のイメージにはもう一つの意味が入っています。「大きな戦いに出た兵士が弓と矢をしまうように、こうおっしゃった。『見てごらん、わたしの弓矢はあの空にある。』すると、雲の間から、色とりどりの弓矢のようにきれいなにじがあらわれた。それは、神さまの世界が新しい一歩をふみ出したしゅん間だった。……さいしょから神さまにはもう一つの、もっとすばらしい計画があった。世界をほろぼす計画ではなく、いつか、神さまのたったひとりのむすこを、すくい主としてこの世界に送り出すという計画だ。神さまは、今でもにくしみ、悲しみ、死が大きらいだ。この世界からすべて悪いことをとりさるための戦いにいどむため、神さまはあの大空においた、美しい弓矢を手にとられる。矢をつがえて、弓をきりきりとひいてねらうまとは、人間でも、この世界でもない。それは、ただまっすぐに天国の中心に向けられている」（サリー・ロイド・ジョーンズ『ジーザス・バイブル・ストーリー』廣橋麻子訳、いのちのことば社、二〇〇九年、四六―四七頁）

メディテーション7　真珠と神の民

1　このメディテーションは"Pearls and the People of God" *Japan Harvest*, Vol. 70, No. 3（Summer 2019）を改訂したものです。

2　「一九二七年、欧米へ視察に行った際、発明王エジソンとの会見が実現しました。ミキモトパールを贈りものとして差し出すと、エジソンは感嘆してこう言ったのです。『これは養殖ではなく真の真珠です。私の研究所でできなかったものが二つある。一つはダイアモンド、いま一つは真珠です。あなたが動物学上からは不可能とされていた真珠を発明完成されたことは、世界の驚異です』」（www.mikimoto.com/jp/history/index.html）。御木本氏は「もしあなたが発明家の月だったら、私はただの多くの小さな星の一つになります」と答えたと言われています。

3　私は鳥羽市のミキモト真珠島のパールミュージアムやそのスタッフのおかげで、真珠を作るプロセスが理解できるようになってきました。

4　「もし神が、御怒りを示してご自分の力を知らせようと望んでおられたのに、滅ぼされるはずの怒りの器を、豊かな寛容をもって耐え忍ばれたとすれば、どうですか。しかもそれが、栄光のためにあらかじめ備えられたあわれみの器に対して、ご自分の豊かな栄光を知らせるためであったとすれば、どうですか」（ローマ9・22―23）

5　このような虹は、薄い層が光の波と同じような長さになることで、干渉と回折によりできています。Iridescence（虹色）の語源はギリシャの女神イリス（Iris）です。イリスは虹の擬人化で、神のメッセンジャーとされています。

メディテーション8　見捨てられた者

1　村上龍『コインロッカー・ベイビーズ』講談社、一九八〇年、五六二頁

2　同書、二一一頁

メディテーション9　賛美の美を知る

1　今道友信・布施英利・森田進／同会＝小川英晴「鼎談　美は定義できるか――美の本質に迫る」『詩と思想』No.114、Vol.2、土曜美術社出版売場、一九九四年、一〇頁
　この記事はマコト・フジムラの講義で読みました。マコトフジムラ『沈黙と美』（晶文社、二〇一七年、七二―七三頁）にも引用されています。

2　長野正雄（一八八〇―一九〇九）は鉄道の従業員で、北海道旭川にある三浦綾子と同じ教会のメンバーでした。一九〇九年二月二十八日の夕方、和寒町の教会からの帰途、塩狩峠で乗っていた列車の最後尾の車両の連結が外れてしまいました。長野は緊急ハンドブレーキを引きましたが、列車は止まりません。このままでは次の曲がり角で脱線すると予測されたため、長野は線路に身を投じ、自らの体で電車を止めたのでした。列車に乗っていた全員の命が救われました。

3　アルフレッド・ラッセル・ストーン（一八九五―一九五四）は、一九五四年九月二十六日、札幌で日曜日の説教を終えて軽井沢へ行く途中、函館から青森に向かう青函連絡船の洞爺丸に乗船し、台風第十五号「マリー」による事故に遭いました。ストーンは乗客を励まし、船が沈む直前に自分の救命胴衣をそばにいた大学生に着せました。新聞では「北海に散った神の使徒」という見出しで報道されました。台風第十五号では、洞爺丸以外にも青函連絡船の四隻が沈没し、約千八百人が亡

くなりました。

4 「今、わたしは立ち上がる。――主は言われる――今、わたしは自らを高く上げ、今、わたしは自らを高める。……あなたの目は麗しい王を見……」（イザヤ33・10、17）

メディテーション10　芳ばしい香り

1 Kiyoko Morita, *The Book of Incense: Enjoying the Traditional Art of Japanese Scents,* Kodansha, 1999, p. 26.

2 *Quelle est cette odeur agréable?*（十七世紀フランスのクリスマス・キャロル）

著　者
ロジャー・W・ラウザー（Roger W. Lowther）

アメリカ・ボストン出身。コミュニティーアーツ東京のディレクター。グレースシティーチャーチ東京の「フェイス&アート（信仰と芸術）」のディレクター。宣教師として活動する芸術家のグローバルネットワーク「The MAKE Collective」のディレクター。アメリカのジュリアード音楽院にてパイプオルガン演奏修士、コロンビア大学にてエンジニアリング応用物理学学士を取得。現在リフォームド神学校修士課程で学んでいる。５枚のアルバムをリリースし、コンクール受賞も多数。2005年に来日し、現在家族と共に東京の月島に在住。登山、マラソンが趣味で各国へ出かけている。

www.rogerwlowther.com

著　書

The Broken Leaf: Meditations on Art, Life, and Faith in Japan (Wipf and Stock, 2019)
［日本語版］『砕かれた葉──アメリカ人が日本で見つけた芸術・生活・信仰』（いのちのことば社、2021）

Pippy the Piano and the Very Big Wave (Community Arts Media, 2020)
［日本語版］『ピアノのピッピーと黒い波』（コミュニティーアーツメディア、2020）

Aroma of Beauty (Community Arts Media, 2021)
［日本語版］『美の香り』（コミュニティーアーツメディア、2021）

【コミュニティーアーツメディア】
www.communityarts.jp
info@communityarts.jp

聖書 新改訳2017 © 2017 新日本聖書刊行会

砕かれた葉
――アメリカ人が日本で見つけた芸術・生活・信仰

2021年4月1日発行

著　者　ロジャー・W・ラウザー

日本語協　力　伊藤敦子

発　行　いのちのことば社

〒164-0001 東京都中野区中野2-1-5
TEL 03-5341-6923／FAX 03-5341-6921
email: support@wlpm.or.jp
www.wlpm.or.jp

新刊情報はこちら

Copyright © 2021 Roger W. Lowther
Printed in Japan 乱丁落丁はお取り替えします

ISBN 978-4-264-04255-6